Marion Dawidowski

Fensterbilder fröhlich bunt

Inhalt

3 Hier wippt und wackelt es
4 So gehts

● ●

6 Endlich Frühling
8 Osterhase mit Schubkarre
10 Fröhlicher Zwerg
12 Unter Wasser
14 Kleiner Schäfer
16 Lustige Käfer
18 Willi & August
20 Honigdieb
22 So ist es bequem
24 Lauf Eselchen
26 Winterschlaf
28 Gespenstertreff
30 Bald ist Weihnachten

Hier wippt und wackelt es

Die fröhlichen Fensterbilder haben alle einen zauberhaften Reiz. Durch Luftzug oder leichtes Berühren geraten einzelne Bildelemente in Bewegung und ziehen die Blicke auf sich.

Da wippen die Käfer auf den Blüten, die Gespenster wackeln mit den Köpfen; der lustige Junge liegt bequem im Schlauchboot und lässt die Beine baumeln; fantasievolle Clowns führen ihre Kunststücke vor.

Die beweglichen Bildteile sind mit Draht an den Motiven angebracht. Diese Technik ist ganz einfach und lässt einzelne Teile schwingen und wackeln. Natürlich können die Motive auch auf herkömmliche Weise fest fixiert werden.

Viel Spaß beim Basteln und Dekorieren wünscht Ihnen

M. Dawidowski

 # So gehts

Material und Hilfsmittel

Für die Motive wird Tonkarton in verschiedenen Farben, glatt und mit Struktur benötigt. Ebenso werden Wellkarton, Regenbogenkarton und Tonkarton mit Muster verwendet. Die genauen Angaben finden Sie in der jeweiligen Anleitung. Zum Übertragen der Vorlagen Transparentpapier, einen weichen und einen harten Bleistift benutzen. Mit einer Schere werden die Motivteile ausgeschnitten. Für enge Kurven ist eine Nagelschere hilfreich. Damit die Motive am Fenster platziert werden können, wird noch Klebeband (ein- oder beidseitig klebend) benötigt.

Hinweis

Die auf den Seiten 4 und 5 beschriebenen Hilfsmittel und Werkzeuge werden in den Materialspalten nicht mehr extra aufgeführt.

Anfertigen der Motive

1 Transparentpapier auf das gewünschte Motiv legen und alle Linien mit dem Bleistift nachzeichnen. Alle benötigten Teile ohne Überschneidungen übertragen.

2 Transparentpapier auf der Rückseite mit weichem Bleistift schraffieren, auf den gewünschten Tonkarton legen und die Linien des Motivs noch einmal nachziehen.

3 Alle Formen ausschneiden; der Abbildung und Vorlage entsprechend zusammensetzen.

Die Drahtaufhängung

Die beweglichen Motivteile mit Draht (Silberdraht, 0,4 mm) am Motiv befestigen. Mit einer Spitzzange die Drahtteile biegen. Zum Abtrennen einen Seitenschneider verwenden. Die Drahtteile mit einem Klebeband am Motiv befestigen. Es werden zwei unterschiedliche Aufhängungen eingesetzt:

Aufhängung A

Die Länge des Drahtes richtet sich nach dem Abstand der Motivteile zum Grundmotiv – plus 2 cm zum Befestigen (siehe Markierung in der Vorlage). Je länger der Draht ist, desto stärker wippen die Motive.
Einen etwa 6 cm langen Draht vorbereiten. Mit der Spitzzange an beiden Enden Retentionen biegen, das heißt den Draht auf 1 cm Länge im Zick-Zack biegen, damit er nicht unter dem Klebeband

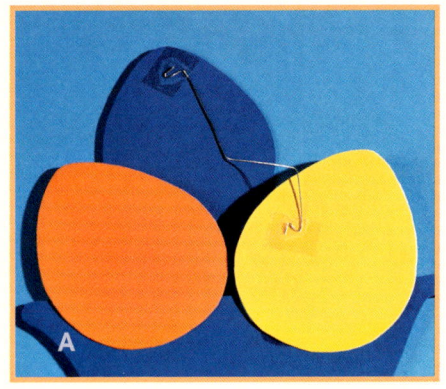 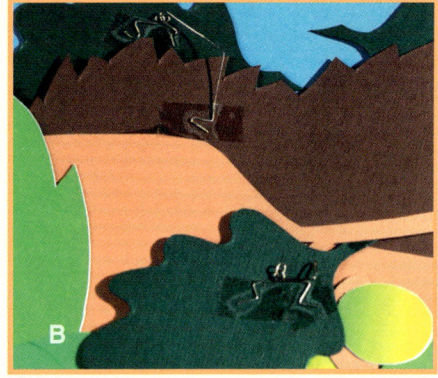

herausrutschen kann. Mit einem Klebeband ein Drahtende am Grundmotiv und das andere Drahtende am beweglichen Motivteil, jeweils an der Rückseite, fixieren.
Bei doppelseitig gearbeiteten Motiven darauf achten, dass die Einzelteile im Bereich des Drahtes nicht zusammengeklebt werden.

Aufhängung B
Hierfür werden zwei Teile gebogen:
An einem Ende eines etwa 3 cm langen Drahtes einen kleinen Haken biegen (offene Schlaufe); am anderen Ende ein kurzes Stück im Zick-Zack biegen (Retention).
Das zweite Teil ergibt die Öse; einen 5 cm langen Draht vorbereiten und in der Mitte eine kleine Schlaufe biegen. An den Enden wieder kurze Retentionen arbeiten. Zunächst alle Teile probeweise zusammenlegen und prüfen, ob alles passt und die Drahtenden verdeckt werden. Eventuell noch korrigieren. Den Haken mit Klebeband am Grundmotiv befestigen. Die Öse wird an der Rückseite des beweglichen Teils am oberen Rand bzw. im oberen Drittel angeklebt. Zum Schluss die Öse einhängen, so dass sich das Motiv bewegen kann.

Auf den meisten Vorlagen sind die Stellen, an denen die Drahtelemente angebracht werden, mit einem Kreuz markiert. Dennoch kann es durch Unterschiede in der individuellen Ausarbeitung nötig sein, die Positionen etwas zu verändern.
Werden die Motive auf der Rückseite gegengleich gearbeitet, darauf achten, dass die Drahtteile frei beweglich bleiben. Bei den Gespenstern wird der Kopf beispielsweise nur am Haarschopf zusammengeklebt.
Die beweglichen oder plastischen Teile sind immer dem Zimmer zugewandt. Befinden sie sich auf dem Motiv (zum Beispiel die Beine des Jungen im Schlauchboot), werden sie auf der Rückseite wie bei herkömmlichen Fensterbildern fest angeklebt.

Endlich Frühling

Material

- Tonkarton in Weiß, Rosa, Grün, Grau, Schwarz
- Regenbogenkarton
- Wellpappe in Gelb
- Filzstift in Schwarz
- Gelstift in Weiß
- Buntstift in Blau
- Moosgummireste
- Blumenbindedraht, 30 cm

Vorlagen A1 - A2

1 Den Blumenstiel zweimal zuschneiden und den Draht zwischen die beiden Teile kleben. Stiel mit Blättern und Blüten auf der Grasfläche fixieren. Mittelkreis der Blüten aus Wellpappe mit einem Lineal mehrmals quer zu den Rillen eindrücken und aufkleben.

2 Dem Maulwurfkörper Bauch und Kopf hinzufügen; Nase fixieren. Aus Moosgummi viermal 0,8 x 0,8 mm zuschneiden, je zwei an den unteren Rand des Körpers kleben und Füße anbringen.

3 Gesicht zeichnen; Hände umbiegen, den Maulwurf an den Blütenstiel hängen und nach vorne biegen; Wolken bemalen und einzeln fixieren.

Osterhase mit Schubkarre

Abbildung & Materialangaben Seite 8/9

1 Halstuch, Arm und Hose mit Füßen am Hasenkörper anbringen. Kopf fixieren und Gesicht zeichnen. Die Ohren mit einer Öse versehen und an der Rückseite des Kopfes einhaken (siehe Aufhängung B). Wangen, Ohren und Lichtreflexe mit Stiften betonen.

2 Schubkarre mit dem Rad, das einen schwarzen Mittelpunkt hat, dem Hasen an die Hand kleben. Eier mit Punkten, Sternen und Streifen dekorieren; zwei Eier von hinten an die Schubkarre kleben. Mit einem 10 cm langen Draht das dritte Ei mit einem Ei im Schubkarren verbinden (siehe Aufhängung A). Sonne, Wolke, Gras und ein paar Schmetterlinge hinzufügen.

Osterhase mit Schubkarre

Material

- Tonkarton in Weiß, Gelb, Orange, Rot, Grün, Blau, Hellblau, Braun, Schwarz
- Regenbogenkarton
- Wellkarton mit Pünktchen in Grün
- Filzstift in Schwarz
- Gelstift in Weiß
- Buntstift in Rosa
- Motivlocher „Stern"
- Silberdraht, 0,4 mm

Vorlagen
A2, B1 – B4

Anleitung Seite 6

Fröhlicher Zwerg

Material

- Tonkarton in Weiß, Hautfarben, Gelb, Blau, Hellblau, Braun, Hellgrün, Dunkelgrün
- Tonkarton „Primavera" von Heyda in Weiß, Rot, Blau
- Regenbogenkarton
- Krepp-Papier in Blau
- Filzstift in Schwarz
- Gelstift in Weiß
- Buntstift in Rosa
- Silberdraht, 0,4 mm

Vorlagen
C, B2 – B3

1 Mütze und Hose für den Zwerg und Blüten aus Karton „Primavera" anfertigen. Halstuch und hellblaue Tasche auf die Jacke kleben. Hose mit den Schuhen an der Rückseite der Jacke befestigen.

2 Gesicht mit den weißen Haaren auf die Mütze kleben und den Kopf auf dem Körper fixieren.

3 Den Arm zusammensetzen und die Gießkanne an der Hand befestigen. Aus dem Krepp-Papier Streifen, etwa 0,7 mm lang und 3 mm breit, schneiden und auf der Rückseite der Gießtülle fixieren. Der Oberarm wird mit einem 5 cm langen Draht an der vorderen Jackenkante befestigt (siehe Aufhängung A).

4 Blätter auf Blütenstiel kleben. Blüten zusammenfügen; bei dem kleineren Blütenkranz die Blätter etwas hochbiegen. Die Blüten werden mit einem Draht am Blütenstiel befestigt (siehe Aufhängung A).

5 Blume und Zwerg auf dem Gras platzieren; Gesicht, Blüten und Blätter nachzeichnen. Schmetterlinge aus Regenbogenkarton machen die fröhliche Szene komplett.

Unter Wasser

Material

- Regenbogenkarton
- Tonkarton in Schwarz
- Gelstift und Buntstift in Weiß
- Silberdraht, 0,4 mm
- Nähgarn
- Locher

Vorlagen D1 – D2

Fische der Vorlage entsprechend zusammensetzen. Ein Locherpunkt dient als Pupille. Die blaue Schwanzflosse mit Draht befestigen (siehe Aufhängung A). Die kleinen Schwimmflossen jeweils an einer Retention der Öse befestigen und am Bauch des Fisches anhängen (siehe Aufhängung B). Mit einem 17 cm langen Draht den gelbgrünen Anhänger am Körper eines Fisches fixieren (siehe Aufhängung A). Weiße Lichtreflexe auf Auge, Mund und Rücken zeichnen. Luftblasen anfertigen und mit Nähgarn zu zwei Schnüren aufziehen.

Kleiner Schäfer

Abbildung & Materialangaben Seite 14/15

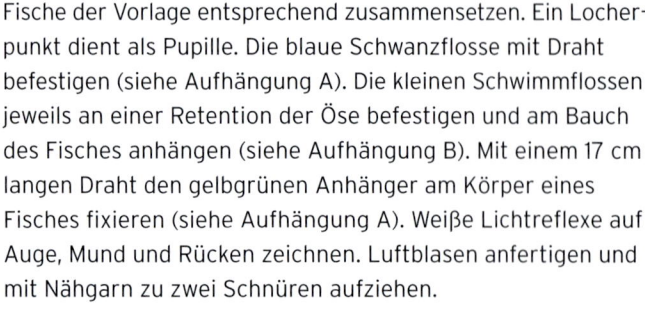

1 Schäfer aus Hemd, -tasche, Hose und Füßen zusammenfügen. Gesicht platzieren und Bast als Ponyfransen ankleben. Am zweiteiligen Hut die Linie einschneiden und Kopf einschieben. Einzelheiten mit Stiften zeichnen. Hand anfertigen; am Daumen (innen) einen 13 cm langen Draht fixieren und am Ärmel befestigen. Laterne der Vorlage entsprechend anfertigen: Rechtecke fixieren, gestrichelte Linien knicken, an den Laschen zusammenkleben. Den Punkt durchstechen und Laterne an dem nach vorne gebogenen Draht an das Hakenende hängen.

2 Körper und Fellschopf der Schafe aus Moon Rock Papier anfertigen; Beine fixieren und Details zeichnen. Für jedes Schaf einen Kopf gestalten, mit einer Öse versehen und an der Rückseite des Körpers einhängen (siehe Aufhängung B). Sonne und Wolke hinzufügen.

Kleiner Schäfer

Material

- Tonkarton in Weiß, Hautfarben, Gelb, Hellgrün, Grün, Braun, Schwarz
- Wellpappe in Blau-gepunktet
- Moon Rock Papier in Weiß, Schwarz
- Bastreste
- Filzstift in Schwarz
- Gelstift in Weiß
- Buntstift in Rosa
- Metallic-Draht in Blau, 0,5 mm
- Silberdraht, 0,4 mm

Vorlagen
A2, B4, E

Anleitung Seite 12

Lustige Käfer

Material

- Tonkarton in Weiß, Hautfarben, Rot, Grün, Blau
- Wellpappe in Gelb
- Strohseide in Weiß
- Blümchenkarton in Grün, Blau
- Filzstift in Schwarz, Rot
- Buntstift in Weiß, Rosa
- Silberdraht, 0,4 mm

Vorlage F

1 Blüten der Vorlage entsprechend zusammenfügen und an den Blütenstiel kleben. Die kurzen Stiele an der Rückseite der Blätter fixieren und zu einem Bogen biegen; das andere Ende mit der Vorderseite auf den Blumenstiel kleben.

2 Den Käfern die Hosen anziehen und Flügel ansetzen. Gesicht mit der farbigen Kappe platzieren; Details mit Stiften verzieren. Fühler aus Draht biegen und an der Rückseite des Kopfes ankleben. Ein Käfer hält sich am Blatt der Blume fest. Die zwei anderen Käfer jeweils mit einem Stück Draht an der Blüte befestigen (siehe Aufhängung A).

Willi & August
Abbildung & Materialangaben Seite 18/19

1 Clown Willi: Der Hose die Aufschläge aufkleben; an der Rückseite die zweiteiligen Schuhe ansetzen. Dem Pullover die Armteile mit Handschuhen ankleben. Pullover auf der Hose platzieren. Ball fixieren; Gesicht verzieren; Haare und Hut aufkleben; Kopf auf der Halskrause fixieren; Details zeichnen. Einen 7 cm langen Draht an der Rückseite des Kopfes mit dem Pullover verbinden (siehe Aufhängung A).

2 Clown August: Anzug mit Schuhen, Armen, Handschuhen, Knöpfen versehen. Gesicht gestalten; Haare und Halskrause fixieren; auf dem Kopf balancieren drei Bälle und ein Glas. Kopf mit einem 8 cm langen Draht an der Körperrückseite fixieren (siehe Aufhängung A).

Willi & August

Material

- Tonkarton in Weiß, Hautfarben, Gelb, Orange, Rot, Blau, Schwarz
- Regenbogenkarton
- Regenbogen-wellpappe
- Tonkarton mit Herzen
- Wellpappe in Grün mit Pünktchen
- Filzstift in Schwarz
- Gelstift in Weiß
- Buntstift in Rosa
- Silberdraht, 0,4 mm

Vorlagen G1 – G3

Anleitung Seite 16

Honigdieb

Material

- Tonkarton in Weiß, Hautfarben, Gelb, Rot, Grün, Braun, Schwarz
- Regenbogenkarton
- Strohseide in Weiß
- Wellpappe in Gelb
- Filzstift in Schwarz
- Gelstift und Buntstift in Weiß
- Silberdraht, 0,4 mm

Vorlage H

1 Auf dem Bärenkörper Kopf und Arm mit Honigtopf fixieren. Linkes Bein, auf Kniehöhe, mit einem 7 cm langen Draht am Körper befestigen (siehe Aufhängung A). Bär und Blütenstiele samt Blüten auf der Grasfläche platzieren. Details mit Stiften zeichnen.

2 Bienen mit jeweils zwei Flügelteilen aus Strohseide versehen. Gesicht, Streifen und Hauben sowie Stachel hinzufügen. Bienen mit einem 10 cm langen Draht an den Blüten befestigen (siehe Aufhängung A).

Winterschlaf
Abbildung & Materialangaben Seite 26/27

1 Blätter ausschneiden und mit Filzstift Blattadern aufzeichnen. Die vier großen Blätter leicht überlappend zu einem „Nest" zusammensetzen. Den Igel platzieren und seine Nase aufkleben; Konturen und Lichtreflexe zeichnen.

2 Die drei Eichenblätter mit Ösen versehen. Zwei Eichenblätter an der Körperrückseite des Igels einhaken; das dritte Eichenblatt mit den Eicheln versehen und unterhalb des Igels, auf einem der großen Blätter, einhängen (siehe Aufhängung B).

So ist es bequem

Material

- Tonkarton in Weiß, Hautfarben, Gelb, Grün, Orange, Rot
- Regenbogenkarton
- Tonkarton Karomuster in Blau
- Tonkarton Wasser (Marpa Jansen)
- Filzstift in Schwarz
- Buntstift in Weiß
- Buntstift in Rosa
- Silberdraht, 0,4 mm

Vorlagen B4, J

1️⃣ Schlauchboot mit rotem Innenteil auf der Wasserfläche platzieren. Gesicht auf dem Haarschopf fixieren; Kopf am Pullover befestigen; der Arm ist hinter dem Kopf. Ärmellinie einschneiden und Hand hineinschieben. Körper und Hose auf dem Schlauchboot anbringen; Griffe befestigen.

2️⃣ An der Rückseite der Hosenbeine (denen die Füße angesetzt sind) Haken anfügen und in die Ösen auf dem Hosenteil einhängen (siehe Aufhängung B). Mit Stiften Details zeichnen. Sonne und ein paar Fische hinzufügen.

Gespenstertreff
Abbildung & Materialangaben Seite 28/29

1️⃣ Ruine an den Mauerlöchern mit Tonkarton „Mauer" hinterkleben. Fenstersims (1,5 x 7,5 cm) fixieren.

2️⃣ Gespenster ausschneiden und Gesichter zeichnen. Das große Mauerloch gemäß Vorlage entlang der Linie einschneiden und ein Gespenst mit fest aufgeklebtem Kopf einschieben (M2). Zweites Gespenst hinter der Mauer fixieren. Den linken Arm mit einer Öse versehen und Kopf (M2) einhängen (siehe Aufhängung B). Den Körper des kleinen Gespenstes nur bis zur gestrichelten Linie ausschneiden (unteres Körperteil) und hinter den Turm kleben. Kopf (M3) mit Haken und Öse so befestigen, dass er durch das Fenster schaut.

Lauf Eselchen

Material

- Tonkarton in Hautfarben, Gelb, Braun, Orange, Grün, Grau
- Tonkarton „Primavera" von Heyda in Blau
- Regenbogenkarton
- Wellkarton in Rot mit weißen Punkten
- Stickgarn in Schwarz
- Nähgarn
- Filzstift in Schwarz
- Gelstift in Weiß
- Buntstift in Rosa
- Silberdraht, 0,4 mm

Vorlagen B4, K

1 Der Junge trägt eine blaue Hose, das Fußteil wird eingeschoben. Den Pulli daran fixieren, je einen Arm samt Ärmel von hinten und von vorne ansetzen. Gesicht mit Haaren und Hut anbringen. In der Hand liegt der Stock, an dem die Möhre mit Nähgarn angehängt wird. Jungen auf Esel platzieren.

2 Stickgarnabschnitte von 1 cm Länge am Schwanz des Esels und hinter dem Kopf (als Mähne) befestigen. Nasenteil auf Kopf kleben; Ohr ansetzen. Den Kopf mit einer Öse versehen und am Körper einhaken (siehe Aufhängung B). Lachende Sonne gestalten.

Bald ist Weihnachten
Abbildung & Materialangaben Seite 30/31

1 Beine des Elchs auf der Körperrückseite ansetzen. Einen Haken biegen und am Hals des Elchs platzieren; Kranz aufkleben. Kopf zusammenfügen und alle Details mit Stiften zeichnen. Eine Öse biegen, auf der Rückseite des Kopfs anbringen und am Haken einhängen (siehe Aufhängung B).

2 Die beiden unteren Engel zusammensetzen; Kopf und Beinhaltung variieren; einen Engel beim Elch platzieren. Den oberen Engel zusammenfügen. Unter dem Rüschenkleid sind die Knie sichtbar. Einen Haken etwa mittig auf dem Kleid befestigen. Arme an das Ärmelteil kleben, eine Öse fixieren. Die Öse am Haken einhängen; den Kopf nur im oberen Bereich befestigen, damit die Arme frei schwingen können (siehe Aufhängung B). Wird die Rückseite gegengleich gearbeitet, dort die schwingenden Arme weglassen.

Winter-
schlaf

Material

- Tonkarton in Hellbraun, Dunkelbraun, Dunkelgrün, Schwarz
- Regenbogenkarton
- Filzstift in Schwarz
- Buntstift in Weiß
- Silberdraht, 0,4 mm

Vorlage L

Anleitung Seite 20

Gespenster-treff

Material

- Tonkarton in Weiß, Grau
- Tonkarton „Mauer"
- Filzstift in Schwarz
- Gelstift in Weiß
- Silberdraht, 0,4 mm

Vorlagen M1 – M3

Anleitung Seite 22

Bald ist Weihnachten

Material

- Tonkarton in Weiß, Hautfarben, Gelb, Grün, Braun, drei verschiedene Rosatöne
- Holografie-Karton „Sterne" in Gold
- Filzstift in Schwarz
- Gelstift in Weiß
- Buntstift in Rosa
- Silberdraht, 0,4 mm

Vorlage N

Anleitung Seite 24

Impressum

© 2002
Christophorus-Verlag GmbH
Freiburg im Breisgau
Alle Rechte vorbehalten –
Printed in Germany
ISBN 3-419-56384-1

Jede gewerbliche Nutzung der Arbeiten und Entwürfe ist nur mit Genehmigung der Urheberin und des Verlages gestattet. Bei Anwendung im Unterricht und in Kursen ist auf diesen Band der Brunnen-Reihe hinzuweisen.

Textredaktion:
Karin Breyer, Freiburg

Styling & Fotos:
Weber & Göröcs, Freiburg

Covergestaltung und Layoutentwurf:
Network!, München

Gesamtproduktion:
smp, Freiburg
Layout: Gisa Bonfig, Freiburg

Druck:
Freiburger Graphische Betriebe

Wir sind für Sie da, wenn Sie Fragen haben.
Und wir interessieren uns für Ihre eigenen Ideen und Anregungen.
Schreiben Sie uns, wir hören gerne von Ihnen!
Ihr Christophorus-Team

Christophorus-Verlag GmbH
Hermann-Herder-Str. 4
79104 Freiburg
Tel.: 0761/ 27 17-0
Fax: 0761/ 27 17-3 52
oder e-mail:
info@christophorus-verlag.de

Aus der Brunnen-Reihe

3-419-56264-0

3-419-56314-0

3-419-56315-9

3-419-56316-7

3-419-56321-3